Nos oiseaux
l'hiver

Nos oiseaux l'hiver

René Trépanier
Patrice Corbeil

Illustrations de Denis Banville

ÉDITIONS
MICHEL
QUINTIN

Données de catalogage avant publication (Canada)

Trépanier, René, 1961-

Nos oiseaux l'hiver

Pour enfants de 7 ans et plus.

ISBN 2-89435-194-1

1. Oiseaux - Ouvrages pour la jeunesse. 2. Oiseaux - Navigation - Ouvrages pour la jeunesse. 3. Oiseaux - Hivernage - Ouvrages pour la jeunesse. 4. Oiseaux - Alimentation - Ouvrages pour la jeunesse. 5. Oiseaux - Ouvrages illustrés. I. Banville, Denis. II. Corbeil, Patrice, 1961- . III. Titre.

QI.676.2.T73 2002   j598   C2002-941474-I

La publication de cet ouvrage a été réalisée grâce au soutien financier du Conseil des Arts du Canada et de la SODEC.

De plus, les Éditions Michel Quintin bénéficient de l'aide financière du gouvernement du Canada par l'entremise du Programme d'aide au développement de l'industrie de l'édition (PADIÉ) pour leurs activités d'édition.

Gouvernement du Québec – Programme de crédit d'impôt pour l'édition de livres – Gestion SODEC

ISBN 2-89435-194-1

Dépôt légal - Bibliothèque nationale du Québec, 2002

Dépôt légal - Bibliothèque nationale du Canada, 2002

© Copyright 2002

Éditions Michel Quintin

C.P. 340, Waterloo (Québec)

Canada J0E 2N0

Tél.:   (450) 539-3774

Téléc.: (450) 539-4905

Courriel: mquintin@mquintin.com

1 2 3 4 5 6 7 8 9 0 M L 9 8 7 6 5 4 3 2

Imprimé au Canada

Bonjour!

Vous me reconnaissez? Je suis une Mésange à tête noire. On me rencontre fréquemment dans les forêts québécoises!

J'ai accepté l'invitation des auteurs de cette brochure pour venir vous parler des oiseaux hivernant au Québec.

Je vous parlerai de la migration automnale ainsi que de nos comportements et adaptations pour trouver de la nourriture et se protéger du froid, durant l'hiver.

7

Au Québec, à la fin de l'été, on assiste à de curieux rassemblements d'oiseaux…

Les hirondelles s'alignent sur les fils électriques, les canards se rassemblent dans les marais, les corneilles se regroupent à la tombée de la nuit, etc. Bref, les oiseaux s'animent d'une activité peu commune : le rassemblement prémigratoire! D'ici quelques semaines, tous ces oiseaux entreprendront une longue migration!

Ce long voyage demeure encore mystérieux… Croyez-le ou non, il n'y a pas si longtemps, beaucoup de gens pensaient que les oiseaux s'enfouissaient dans la vase pour y passer l'hiver!

Pire encore, d'autres disaient qu'ils volaient jusqu'à la lune… en soixante jours! Et même aujourd'hui, certaines personnes croient que les Colibris à gorge rubis voyagent sur le dos de plus gros oiseaux!

La vérité est tout autre : chaque oiseau entreprend son voyage vers une destination précise. La majorité des oiseaux du Québec s'envole vers le sud des États-Unis ou l'Amérique du Sud. Certains parcourent des distances incroyables pour atteindre leurs aires d'hivernage (Goglu des prés : 6 000 km, Sterne arctique : 17 700 km).

La baisse des populations d'insectes force les oiseaux insectivores à nous quitter les premiers. Ceux aux habitudes alimentaires différentes, tels les granivores, peuvent se permettre de partir un peu plus tard.

Les oiseaux migrent le jour et/ou la nuit. Ils s'orientent grâce à des repères géographiques (cours d'eau, montagnes, etc.), aux étoiles ou au champ magnétique. Ces moyens d'orientation leur permettent de se diriger efficacement vers le sud.

Les insectivores prennent avantage à voyager la nuit évitant ainsi d'être la proie de rapaces diurnes (faucons, buses, etc.). Ces migrateurs nocturnes, bien cachés au travers des buissons, profitent de la journée pour se reposer et reprendre des forces.

D'autres oiseaux, les Oies des neiges, voyagent plus de 2 000 kilomètres puis choisissent des endroits spécifiques pour se reposer et s'alimenter. Le marécage du cap Tourmente illustre bien ce besoin.

Il y pousse une plante spéciale : le Scirpe d'Amérique. Cette plante, riche en amidon, procure l'énergie nécessaire aux oies pour continuer leur vol de 900 kilomètres jusqu'à leurs aires d'hivernage.

Cependant, la migration des oiseaux vers des sites plus fournis en nourriture comporte certains dangers… Un hiver trop hâtif peut en surprendre plusieurs! De mauvaises conditions météorologiques, tels la pluie, la brume ou le verglas, peuvent nuire à leurs déplacements.

Aussi, ceux qui s'aventurent au-dessus des grandes étendues d'eau risquent de rencontrer de violentes tempêtes qui réduiront leurs chances de survie!

19

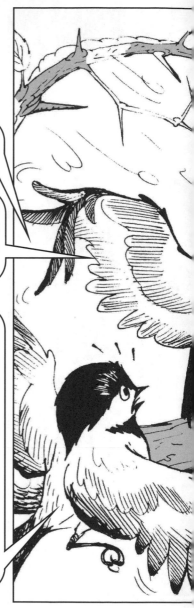

Hé, le merle! Tu n'es pas encore parti?

Partir? Pourquoi? J'ai appris que certains de mon espèce avaient déjà passé l'hiver ici, alors, je me débrouillerai bien!

Tu ne connais pas l'hiver québécois, sinon tu ne prendrais pas un si grand risque! Lorsque le froid devient trop rigoureux, la majorité y laisse leurs plumes…

Tu as beaucoup à apprendre si tu veux hiverner avec nous. Tes habitudes alimentaires et même tes comportements devront changer! Tu devras affronter deux nouveaux dangers : le froid et le manque de nourriture. Laisse-moi t'en parler.

Le froid

Il faut absolument combattre le froid glacial de l'hiver. Pour ce faire, nous réagissons de diverses manières. Il nous arrive de «gonfler» notre plumage pour créer des espaces d'air entre les plumes. Notre corps réchauffe l'air emprisonné formant ainsi un excellent isolant naturel!

Une autre façon consiste à trembler; les mouvements du corps nous procurent une chaleur supplémentaire. Pour la même raison, notre fréquence cardiaque augmente considérablement. Par exemple, mes battements de coeur peuvent varier de 480 à plus de 800 par minute!

En prévision de la nuit, nous emmagasinons de la nourriture dans un «réservoir» situé juste au-dessus de l'estomac (le jabot).

La digestion de ces aliments, pendant le sommeil, fournit une source de chaleur constante pour traverser la période froide.

D'autres oiseaux possèdent leur propre technique pour résister au froid. Par exemple, un matin de tempête, j'ai surpris une vingtaine de perdrix toutes collées les unes sur les autres. Cela permet de mieux conserver la chaleur corporelle.

Pour la même raison, elles se creusent un trou dans la neige et s'en recouvrent d'une mince couche! Malheureusement, plusieurs d'entre elles demeurent emprisonnées lorsqu'une couche de glace se forme après une pluie verglaçante.

Dans le but d'éviter le froid, la majorité des oiseaux se réfugient dans les forêts de conifères.

Le feuillage persistant des sapins nous protège efficacement contre les tempêtes. De plus, nous y trouvons facilement des arbres creux pour dormir bien au chaud.

L'alimentation

Pour tous les oiseaux hivernant au Québec, la recherche de nourriture devient prioritaire.

La nourriture abonde en forêt durant la saison hivernale; cependant, il faut connaître les endroits où il y en a pour s'en procurer constamment. Une seule journée sans nourriture peut nous être fatale!

Pour subvenir à mes besoins alimentaires, je me promène d'une branche à l'autre en fouillant dans toutes les anfractuosités du tronc; mon bec mince et effilé me permet d'aller chercher des oeufs d'insectes et des cocons de chenilles cachés entre les fissures de l'écorce.

Pour sa part, le Gros-bec errant, un oiseau commun en hiver, possède un bec conique, un excellent outil pour réussir à ouvrir facilement les graines des cônes ou les samares des érables. De plus, son habitude à se déplacer en groupe facilite la localisation de la nourriture.

Le hibou me fascine particulièrement par ses adaptations physiques pour mieux s'alimenter. Lorsque cet excellent chasseur plane, des plumes spéciales (frangées comme un peigne), situées à l'avant de l'aile, coupent le vent qui glisse sur son plumage. Cette adaptation rend le vol de cet oiseau extrêmement silencieux !

Pour repérer sa nourriture, le hibou utilise principalement le sens de l'ouïe. Les disques faciaux encerclant ses yeux sont inclinés de façon à ce que les sons environnants se dirigent vers ses oreilles. Ces dernières sont situées de façon asymétrique afin de lui permettre de situer avec précision la proie convoitée.

Un vol silencieux, de puissantes serres, un bec crochu, une vision et surtout une ouïe étonnante, facilitent l'alimentation de ce prédateur.

RAAAH

Tous les oiseaux qui passent l'hiver ici se débrouillent assez bien pour affronter de multiples difficultés.

Malgré tout, beaucoup d'entre nous ne survivent pas à cette saison… Un manque de nourriture prolongé peut causer plusieurs décès. De plus, les oiseaux affaiblis deviennent souvent des proies faciles…

Chicadiii

Hé, le merle! Une fraction de seconde plus tard et tu perdais la vie! Tu dois toujours être aux aguets pour éviter ce genre de situation!

Je… Je n'ai… rien… rien mangé depuis la dernière tempête! Je suis épuisé!

Bon, alors suis-moi, je connais la solution à ton problème. Tu vois tous ces oiseaux rassemblés près de cette maison? Ils s'alimentent dans une mangeoire installée par les hommes! Cet endroit est un vrai paradis pour les oiseaux d'hiver!

40

Ouf! Vive les mangeoires pour aider les oiseaux! Depuis que cette nouvelle mode est apparue, une multitude d'oiseaux en ont bénéficié.

Il existe toute une variété de mangeoires : en forme de plateau, à débit contrôlé, une bûche percée de trous, certaines en plastique, en bois, etc.

43

L'important pour nous ce n'est pas la forme, mais plutôt le contenu! On y retrouve des aliments aussi différents que des graines de tournesol, du millet, du maïs, du chardon, le beurre d'arachide, le suif de boeuf et parfois même des fruits!

Parmi toutes les graines, je préfère le tournesol! Sa richesse en hydrates de carbone, en protéines et en gras, me satisfait amplement! Par temps très froid, je mange régulièrement le suif de boeuf; rapidement digéré, il fournit une précieuse source de chaleur.

Lorsque nous prenons l'habitude de fréquenter vos postes d'alimentation, vous pouvez en bénéficier tout autant que nous! En nous observant, vous apprenez à nous reconnaître, à étudier nos préférences alimentaires, à noter nos déplacements, les heures de nos visites, etc.

Vous pouvez remarquer, entre autres, la compétition existant entre les individus d'une même espèce ou d'espèces différentes autour d'une mangeoire. La loi du plus fort y règne; les plus gros mangent en premier!

47

Observez attentivement et vous remarquerez aussi que nous nous déplaçons constamment vers d'autres mangeoires du voisinage!

Ce «réseau de mangeoires» nous offre une nourriture abondante et diversifiée. Cela nous évite d'être dépendants d'une seule mangeoire.

Nous fréquentons les postes d'alimentation jusqu'au printemps. Lorsque la température s'adoucit, la fréquence de nos visites diminue.

La fonte des neiges laisse apparaître une nourriture inaccessible durant l'hiver et notre besoin énergétique devient moins élevé.

Cela ne signifie pas d'enlever vos mangeoires dès le printemps; pensez aux oiseaux qui reviennent du sud!

Les premiers arrivants apprécient fortement les postes d'alimentation, surtout après une tempête inattendue, lorsque la neige recouvre la nourriture disponible.

POPOPO
POPPPO
POPOM

Au nom de tous les oiseaux, je vous remercie de votre attention. Je dois malheureusement vous quitter car le printemps approche et pour moi, c'est la saison des amours!

À bientôt! Nous nous reverrons peut-être à une de vos mangeoires!

« Chicadi-di-di! »

Voici la liste des 53 espèces d'oiseaux illustrés dans cette brochure.

Amusez-vous à les identifier!

34-35   Grand-duc d'Amérique, Grand Corbeau, Mésange à tête noire, Merle d'Amérique.

36-37   Grand-duc d'Amérique, Nyctale de Tengmalm, Merle d'Amérique.

38-39   Mésange à tête noire, Merle d'Amérique.

40-41   Pic mineur, Mésange à tête noire, Merle d'Amérique.

42-43   Mésange à tête noire, Gros-bec errant, Geai bleu, Roselin pourpré, Sittelle à poitrine rousse, Merle d'Amérique.

44-45   Roselin pourpré, Mésange à tête noire, Gros-bec errant.

46-47   Geai bleu, Gros-bec errant, Merle d'Amérique.

48-49   Chouette lapone, Merle d'Amérique.

50-51   Grand héron, Tourterelle triste, Alouette hausse-col, Junco ardoisé, Merle d'Amérique.

52-53   Grand héron, Moqueur polyglotte, Quiscale bronzé, Vacher à tête brune, Carouge à épaulettes, Cardinal rouge, Junco ardoisé, Tourterelle triste, Merle d'Amérique.

54-55   Martin-pêcheur d'Amérique, Mésange à tête noire, Gélinotte huppée, Pluvier kildir, Hirondelle bicolore, Merle d'Amérique.

Du choix au menu

En offrant aux oiseaux un menu diversifié, vous attirerez à coup sûr un plus grand nombre d'espèces.

Ceci agrémentera vos observations et, de plus, vous permettra, avec le temps, de découvrir les préférences alimentaires de vos visiteurs.

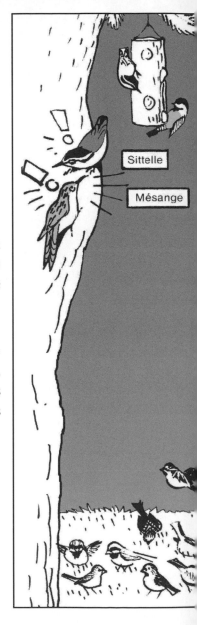

Pic

MILLET MILLET MILLET MILLET

Sizerin

Roselin

Junco

Bruant

Moineau

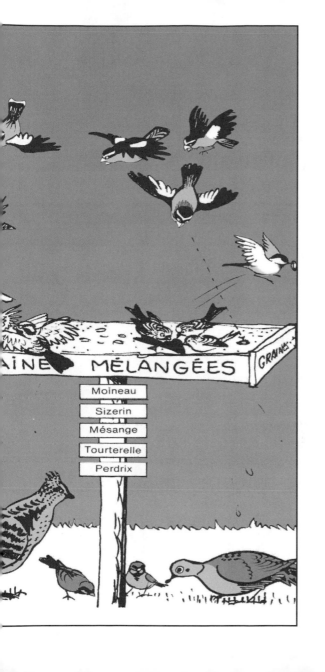

L'écureuil : ravissant mais… tellement gourmand!

Voici quelques petits trucs pour les éloigner :

• Installez la mangeoire à une distance minimale de 6 mètres des arbres ou de la maison.

• Pour les mangeoires supendues : accrochez votre mangeoire sur une corde à linge en installant de vieux disques 33 tours de chaque côté.

• Pour les mangeoires sur poteaux : bloquez le passage en installant un cône de plastique ou de métal, ou encore, enduisez le poteau de graisse.